essentials

Essentials liefern aktuelles Wissen in konzentrierter Form. Die Essenz dessen, worauf es als „State-of-the-Art" in der gegenwärtigen Fachdiskussion oder in der Praxis ankommt. Essentials informieren schnell, unkompliziert und verständlich

- als Einführung in ein aktuelles Thema aus Ihrem Fachgebiet
- als Einstieg in ein für Sie noch unbekanntes Themenfeld
- als Einblick, um zum Thema mitreden zu können

Die Bücher in elektronischer und gedruckter Form bringen das Expertenwissen von Springer-Fachautoren kompakt zur Darstellung. Sie sind besonders für die Nutzung als eBook auf Tablet-PCs, eBook-Readern und Smartphones geeignet.

Essentials: Wissensbausteine aus den Wirtschafts, Sozial- und Geisteswissenschaften, aus Technik und Naturwissenschaften sowie aus Medizin, Psychologie und Gesundheitsberufen. Von renommierten Autoren aller Springer-Verlagsmarken.

Weitere Bände in dieser Reihe
http://www.springer.com/series/13088

Ralf T. Kreutzer

Digitale Revolution

Auswirkungen auf das Marketing

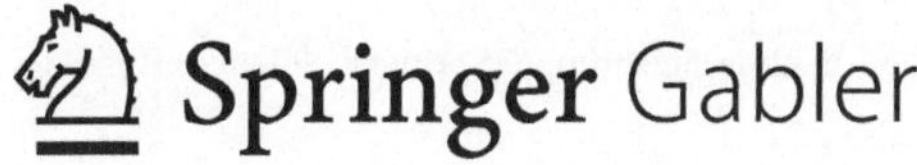

Ralf T. Kreutzer
HWR Berlin
Berlin, Deutschland

ISSN 2197-6708   ISSN 2197-6716 (electronic)
essentials
ISBN 978-3-658-09393-8   ISBN 978-3-658-09394-5 (eBook)
DOI 10.1007/978-3-658-09394-5

Die Deutsche Nationalbibliothek verzeichnet diese Publikation in der Deutschen Nationalbibliografie; detaillierte bibliografische Daten sind im Internet über http://dnb.d-nb.de abrufbar.

Springer Gabler

Gedruckt auf säurefreiem und chlorfrei gebleichtem Papier

Springer Fachmedien Wiesbaden ist Teil der Fachverlagsgruppe Springer Science+Business Media (www.springer.com)

Was Sie in diesem Essential finden können

- Die Erklärung des Gartner Hype Cycle, wobei aufgezeigt wird, welche Phasen branchenübergreifend relevante Technologien hinsichtlich der in sie gesetzten Erwartungen in ihrem technologischen Lebenszyklus bereits erreicht haben.
- Die Erläuterung der veränderten Customer Journey und der Relevanz der umfassenden Analyse von Customer Touch Points, an denen der Kunde auf seiner Reise mit dem Unternehmen in Kontakt kommt.
- Die Darstellung der steigenden Intensität der Vernetzung zwischen Offline- und Online-Kanälen.
- Einen Überblick über den Einfluss von zeitlicher, räumlicher und inhaltlicher Nähe der werblichen Einflussnahme auf die Relevanz der Botschaft für den Empfänger und damit auf die Kaufwahrscheinlichkeit.
- Die Erläuterung von digitaler Revolution als Herausforderung für alle Unternehmen und deren Marketing.

Vorwort

Dieser Beitrag stammt aus dem Werk „Dialogmarketing Perspektiven 2012/2013", welches aktuelle Fachbeiträge und Forschungsprojekte zu Themen des Dialogmarketings vereint. Dieses geht zurück auf den 7. wissenschaftlichen interdisziplinären Kongress für Dialogmarketing, den der Deutsche Dialogmarketing Verband im September 2012 an der Hochschule der Medien in Stuttgart veranstaltete. Das Werk richtet sich an Dozierende und Studierende der Wirtschaftswissenschaften, der Wirtschaftspsychologie sowie interdisziplinärer Fachrichtungen mit dem Forschungsschwerpunkt Dialogmarketing sowie Fach- und Führungskräfte in der Dialogmarketingbranche.

Der folgende Beitrag befasst sich im Speziellen mit den Auswirkungen der digitalen Revolution auf das Marketing und die großen, damit verbundenen Herausforderungen.

Inhaltsverzeichnis

Einleitung 1

Im ersten Kapitel wird erläutert, was unter dem Gartner Hype Cycle verstanden wird und welche Technologien für die zukünftigen Herausforderungen an das Marketing von besonderer Bedeutung sind. Darauffolgend werden Big Data, die Veränderungen des Kundenverhaltens sowie die steigende Bedeutung von Kooperationen analysiert. In den letzten beiden Kapiteln wird zusammenfassend aufgezeigt, wie gut sich CMO´s auf diese Herausforderungen vorbereitet fühlen und ein Ausblick auf zukünftige Entwicklungen gegeben.

© Springer Fachmedien Wiesbaden 2015
R. T. Kreutzer, *Digitale Revolution,* essentials, DOI 10.1007/978-3-658-09394-5_1

Der Gartner Hype Cycle als prognostischer Hintergrund

2

Die *Digitale Revolution* steht nicht bevor, sondern sie entfaltet in vielen Bereichen schon die *Kraft der schöpferischen Zerstörung*. Eine wichtige Orientierungshilfe für Unternehmen liefert hier der jährlich aktualisierte *Hype Cycle für neue Technologien* von Gartner (2012). Hier wird aufgezeigt, welche Phasen branchenübergreifend relevante Technologien hinsichtlich der in sie gesetzten Erwartungen in ihrem technologischen Lebenszyklus bereits erreicht haben. Dabei wird sichtbar, welche Technologien ggf. noch überbewertet und welche bereits zum etablierten Werkzeug geworden sind oder sich dorthin entwickeln (vgl. Abb. 2.1; Gartner 2013).

Hinsichtlich der Erwartungen an die Technologien definiert Gartner fünf verschiedene Phasen, die *Aufschluss über den Stand der Marktaufnahme neuer Technologien* liefern.

- *Technology Trigger* (**„Technologische Impulse"**)
  In dieser Phase werden erste Erfolgsmeldungen neuer Technologien publiziert und von den Medien gerne aufgegriffen. Ob diese Technologien einen nachhaltigen Einsatz finden werden, ist zu diesem frühen Zeitpunkt noch nicht absehbar.
- *Peak of Inflated Expectations* (**„Höhepunkt der überzogenen Erwartungen"**)
  In dieser Zeitspanne wird eine Vielzahl von Erfolgsstorys sichtbar, die die Erwartungen an eine neue Technologie auf den Höhepunkt führen. Gleichzeitig werden aber auch Misserfolge bei der Nutzung der Technologie sichtbar, die Erwartungen an Grenzen stoßen lässt. Der technologische Einsatz bleibt nach wie vor auf wenige Unternehmen beschränkt.

© Springer Fachmedien Wiesbaden 2015
R. T. Kreutzer, *Digitale Revolution*, essentials, DOI 10.1007/978-3-658-09394-5_2

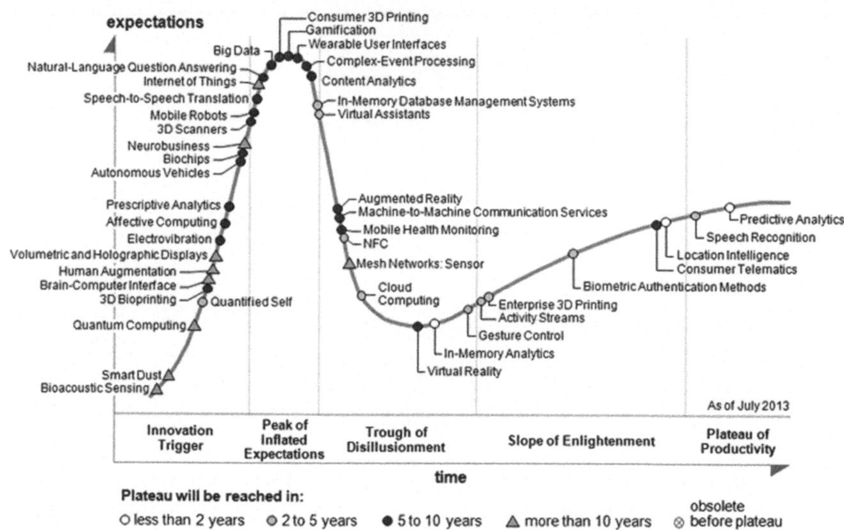

Abb. 2.1 Gartner's Hype Cycle für neue Technologien. (Quelle: Gartner 2013)

- ***Trough of Disillusionment* („Tiefpunkt der Ernüchterung")**
  Diese Talsohle im technologischen Lebenszyklus basiert auf der Erkenntnis, dass viele Erwartungen an neue „Wunderwaffen" nicht erfüllt wurden. In dieser Phase überleben nur die Technologie-Anbieter, die die Early Adopters von den Vorzügen der Technologie nachhaltig überzeugen können. Die anderen Anbieter scheiden aus dem Wettbewerb aus.

- ***Slope of Enlightenment* („Anstieg der Erkenntnis/Aufklärung")**
  Hier wird zunehmend sichtbar, wie eine Technologie nutzbringend eingesetzt werden sollte. Technologische Entwicklungen der zweiten und dritten Generation der Initialtechnologie werden angeboten und zunehmend von innovationsoffenen Unternehmen aufgegriffen und in den Workflow integriert.

- ***Plateau of Productivity* („Produktivitätsplateau")**
  Die Technologie wird jetzt breit eingesetzt, da deren Vorteile nicht nur sichtbar sind, sondern sich auch umfassend rechnen. Der Einsatz als Mainstream-Technologie ist vorgezeichnet. Ein Einsatz in immer mehr Unternehmen und Anwendungsbereichen ist nur noch eine Frage der Zeit.

Zusätzlich präsentiert *Gartner* eine Prognose, wann voraussichtlich das Produktivitätsplateau erreicht werden wird. Dies ist in Abb. 2.1 an den unterschiedlichen Helligkeit und Symbolen bei den einzelnen Technologien erkennbar. Hier soll das

Augenmerk auf ausgewählte technologische Entwicklungen gerichtet werden. Ein Blick auf Abb. 2.1 zeigt, dass die Themenfelder *Big Data* und *Natural-Language Question Answering* kurz vor ihrem Erwartungshöhepunkt stehen. Bei beiden Themenfeldern wird davon ausgegangen, dass sie das Produktivitätsplateau in ca. fünf bis zehn Jahren erreichen werden. Das *Internet of Things* steht ebenfalls kurz vor seinem Erwartungshöhepunkt, es wird jedoch erwartet, dass das Produktivitätsplateau erst in mehr als zehn Jahren erreicht werden wird.

Content Analytics, In-Memory Database Management Systems und *Virtual Assistants* sind dagegen in der Phase der Konsolidierung, da sie den Erwartungshöhepunkt schon überschritten haben. *Enterprise 3D Printing, Location Intelligence* und *Predictive Analysis* sind dagegen schon auf dem Weg, fester Bestandteil vieler Unternehmenskonzepte zu werden und den an sie gerichteten (reduzierten) Ansprüchen Rechnung zu tragen. Nach Einschätzung von Gartner (2013) ist das übergeordnete Thema in Bezug auf neue Technologien die sich entwickelnde Beziehung zwischen Mensch und Maschine. Angesichts der hier herrschenden Dynamik sollte jedes Unternehmen für sich prüfen, welche Bedeutung diese Entwicklungen für das eigene Unternehmen haben.

Dabei wird die große Relevanz betont, die Perspektive von einer Zukunft, in der Maschinen Menschen ersetzten, zu erweitern. Vielmehr sind drei Haupt-Trends zu beobachten: Die Erweiterung menschlicher Fähigkeiten durch Technologie, Maschinen, die Menschen ersetzten und die Zusammenarbeit von Mensch und Maschine. Diese Trends werden durch drei Bereiche ermöglicht, die die Beziehung zwischen Mensch und Maschine erleichtern und unterstützen. Zum einen werden Maschinen besser darin, Menschen und ihre Umgebung zu verstehen, bspw. durch die Erkennung von Emotionen in der Stimme. Des Weiteren werden Menschen besser darin, Maschinen zu verstehen, bspw. durch das *Internet of Things*. Gleichzeitig lernen, durch die stetig wachsende Zusammenarbeit, Mensch und Maschine voneinander.

Was ist mit diesem *Internet of Things*, dem „Internet der Dinge" eigentlich genau gemeint? Hierunter versteht man eindeutig identifizierbare Objekte, die über das Internet miteinander vernetzt sind. Neuere Formen der Kommunikation, bspw. über RFID (Radio Frequency Identifikation) oder jetzt auch über NFC (Near Field Communication), d. h. eine drahtlose Kommunikation, erleichtern den Informationsaustausch und können bei Produkten den Einsatz von Barcodes ablösen. Werden Objekte mit Radio Tags (d. h. Funketiketten) ausgestattet, dann kann durch die hier empfangbaren Daten festgestellt werden, ob ein Angebot im Laden knapp wird; und bei Bedarf kann automatisch eine Bestellung ausgelöst werden. Werden Menschen im Alltag mit diesen Radio Tags versehen – bspw. über ihr Smartphone –, können diese einfach identifiziert, lokalisiert und folglich mit hoch individualisierten Botschaften angesprochen werden, orientiert an den bekannten Bedarfsstrukturen und spezifischen Präferenzen.

Die Frage lautet, welche Herausforderungen für das Marketing mit ausgewählten Veränderungen verbunden sind, die sich hier abzeichnen. Der Fokus soll dabei auf die Themenfelder Big Data und die insgesamt veränderten Verhaltensweisen der Kunden gelegt werden.

Ausgewählte Herausforderungen für das Marketing 3

3.1 Big Data

Eine Vielzahl von Entwicklungen führt zu einem kontinuierlich steigenden Fluss von Daten, weshalb zu Recht von Big Data gesprochen werden kann. Ein wichtiger *Treiber für Big Data* ist, dass die Menschen von Natur aus „sozial" veranlagt sind. Deshalb lieben sie es, ihre Meinungen, Wünsche, Hoffnungen und Befürchtungen kundzutun – und dieses immer häufiger auch in den sozialen Medien und damit öffentlich. Die „Voice of the Customer" findet sich folglich immer stärker in der Cloud wieder und kann dadurch immer umfassender analysiert und bei der Ansprache und Betreuung berücksichtigt werden. Die dadurch notwendigen Technologien, wie die automatische Inhaltserkennung („automatic content recognition"), Crowdsourcing, Social Analytics, Cloud Computing, Audio Mining/Speech Analytics und Text Analytics stehen in immer besserer Qualität genau für solche Anwendungen zur Verfügung (vgl. Gartner 2012).

Wie sich das Phänomen Big Data und der damit zu bewältigende *Datenstrom in Zukunft* entwickeln wird, zeigt Abb. 3.1.

Welches sind jetzt konkret die Datenquellen, die hinter diesen Entwicklungen stehen? Abbildung 3.2 zeigt eine Auswahl davon, wobei anzumerken ist, dass täglich dutzende neue Quellen entstehen – und bestehende versiegen.

Welche *Taktzahl* dabei in den unterschiedlichen Quellen bzw. bei den verschiedenen Instrumenten vorliegt, zeigt Abb. 3.3. Neben mehr als 1500 Blog-Posts pro Minute, werden mehr als 25 h Video-Material hochgeladen, knapp 100.000 Tweets versendet, ca. 700.000 Suchanfragen gestartet und um die 700.000 *Facebook*-Updates kommuniziert. So wächst der Datenbestand bei *Facebook* um 500 Tera-

© Springer Fachmedien Wiesbaden 2015

R. T. Kreutzer, *Digitale Revolution,* essentials, DOI 10.1007/978-3-658-09394-5_3

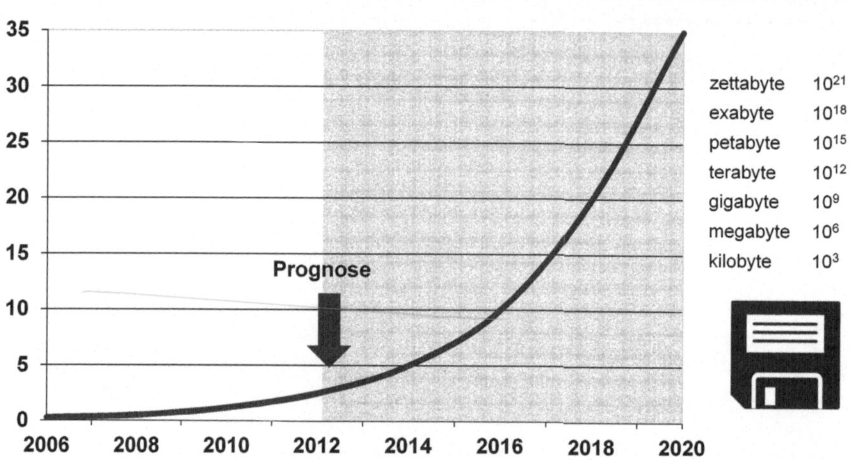

Abb. 3.1 Big Data – Entwicklung der weltweiten Datenmenge in Zettabytes. (Quelle: in Anlehnung an Gantz und Reinsel 2011, S. 1)

Abb. 3.2 Welches sind die zentralen Quellen von Big Data?

byte neuer Daten – pro Tag (vgl. von Rauchhaupt 2012, S. 71). Gleichzeitig werden – und das mag manchen E-Mail-Kritiker überraschen oder bestätigen –, knapp 170 Mio. E-Mails versendet. Tendenz über alle Kanäle stark steigend.

Die *Datenflut* kann man auch sehr plastisch deutlich machen: „Each day the world creates 2.5 quintillion bytes of new data. By comparison, all of the earth's

Abb. 3.3 Was wird in 60 s weltweit an Inhalten kommuniziert? (Quelle: Go-Globe 2012)

oceans contain 352 quintillion gallons of water; if bytes were buckets, it would only take about 20 weeks of information gathering to fill the seas" (Bosomworth 2012). Diese Datenflut wird weiter befeuert durch den zunehmenden Einsatz von Sensoren, die unablässig neue Daten generieren. So ist jeder Smartphone- und jeder Internet-Nutzer ein *menschlicher Sensor*, der laufend neue Daten generiert. Und die spannende Frage für jedes Unternehmen lautet:

Welche der hier verfügbaren Daten beinhalten wertvolle Informationen, die für die weitere Unternehmensentwicklung relevant sind?

Dabei muss allerdings berücksichtigt werden, dass die Daten in verschiedenen Formaten anfallen und zu deren Auswertung leistungsfähige Systeme erforderlich sind. Die große Herausforderung besteht darin, aus den aus Online-Prozessen, der CRM-Software, dem Controlling, der E-Mail- und Telefon-Kommunikation sowie aus dem schier unendlichen Rauschen in den sozialen Medien generierbaren Daten solche Informationen zu gewinnen, die für die Entscheidungsunterstützung herangezogen werden können – und dies idealerweise in Realtime. Insbesondere für die verantwortlichen CIO ist dabei eine Tatsache zu berücksichtigen, die die Nutzbarmachung erleichtert: die gesunkenen *Kosten für das Datenhandling*. Abbildung 3.4 zeigt, wie sie gefallen sind – bei gleichzeitig moderatem Wachstum der Investitionen in IT. Das kann eigentlich nur eines bedeuten: Es steht eine immer mächtigere Infrastruktur zur Verfügung, um aus der großen Datenmenge entscheidungsrelevante Erkenntnisse zu generieren.

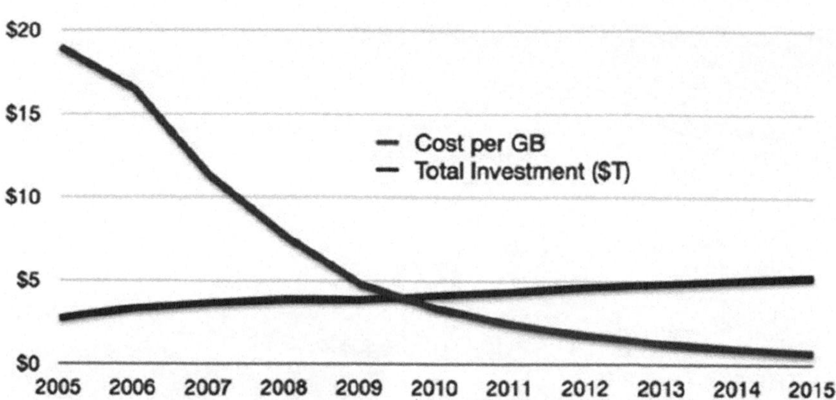

Abb. 3.4 Das Digital Universe Growth Paradox: fallende Kosten und steigendes Investitionsvolumen (IDC's Digital Univers Study 2011). (Quelle: Gantz und Reinsel 2011, S. 4)

Welche Auswirkungen davon werden sich auf das Verhalten von Kunden ergeben – seien dies Konsumenten oder Entscheidungsträger in Unternehmen?

3.2 Veränderungen des Kundenverhaltens

Angesichts der sich hier darstellenden Informationsflut stellt sich die Frage, wie sich die *Customer Journeys* verändert haben, d. h. die „Reisen des Kunden zum Unternehmen". Diese „Reisen" umfassen verschiedene Phasen, die ein Kunde durchläuft, bevor er sich für den Kauf eines Produktes oder den Erwerb einer Dienstleistung entscheidet. Besondere Bedeutung kommt dabei den sogenannten *Customer Touch Points* des Unternehmens oder einer Marke zu, mit denen der Kunden auf dieser Reise in Kontakt kommt. Durch den Eintritt ins Online-Zeitalter haben sich einige Facetten des klassischen Kaufprozesses verschoben. Bisher wurde nach dem Stimulus im Zuge des Kaufentscheidungsprozesses nur zwischen dem First- und dem Second-Moment-of-Truth unterschieden. Der *First-Moment-of-Truth* (*FMOT*) bezeichnet den Zeitpunkt, zu dem ein potenzieller Käufer ein Produkt oder eine Dienstleistung zum ersten Mal körperlich in Augenschein nehmen kann. Hier treffen dann die durch Werbung etc. aufgebauten Erwartungen auf die „harte Realität" des Produktes oder der Dienstleistung. Der *Second-Moment-of-Truth* (*SMOT*) umfasst den Zeitpunkt, zu dem der Käufer ein Produkt oder eine Dienstleistung tatsächlich nutzt. Hier kontrastieren sich wiederum die durch Werbung sowie die durch die erste Inaugenscheinnahme aufgebauten Erwartungen

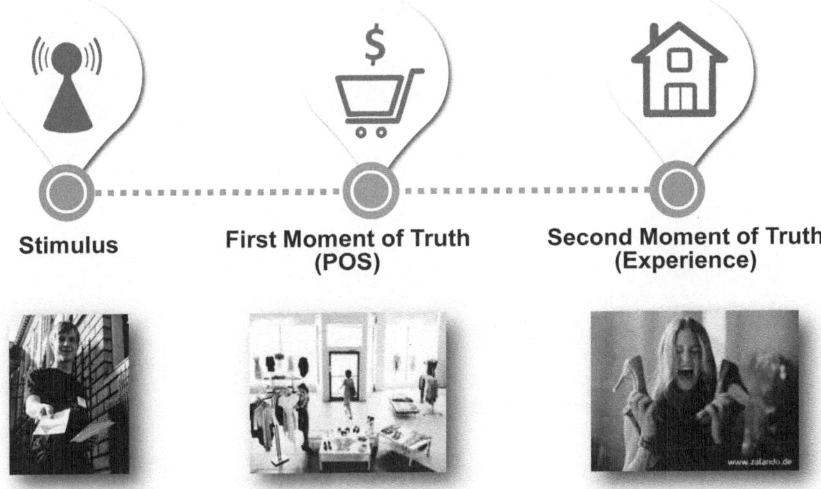

Abb. 3.5 Das klassische Kaufverhalten verändert sich. (Quelle: Lecinski 2011, S. 16)

Abb. 3.6 Klassische AIDA-Formel

mit den tatsächlichen Leistungen und Erfahrungen der Produktnutzung bzw. der Inanspruchnahme der Dienstleistung. Vom „Moment der Wahrheit" wird deshalb gesprochen, weil sich in diesen beiden „Momenten" zeigt, ob insbesondere die durch die Werbung, die Angebotspräsentation sowie ggf. durch die Beratung am POS geschaffenen Erwartungen tatsächlich auch erfüllt werden (vgl. Abb. 3.5).

Diese traditionelle Customer Journey konnte prägnant und stark vereinfacht mit der klassischen *AIDA-Formel* dargestellt werden (vgl. Abb. 3.6).

Zum First- und Second-Moment-of-Truth ist jetzt der *Zero-Moment-of-Truth* (*ZMOT*) hinzugekommen (vgl. Abb. 3.7). Hiermit ist insbesondere der – den beiden anderen „Momenten" vorgelagerte – Online-Zugriff auf eine nahezu un-

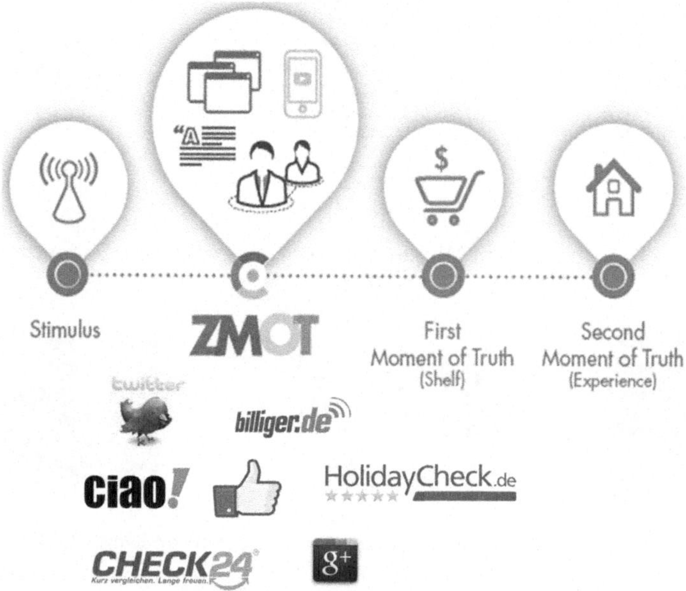

Abb. 3.7 Positionierung und Quellen des ZMOT. (Quelle: nach Lecinski 2011, S. 17)

überschaubare Vielzahl von Informationen Dritter gemeint, die Big Data laufend speisen. Einen Teil des sogenannten User-Generated Content stellen Inhalte anderer Personen dar, die über ihre Erfahrungen vor, während und nach Kauf- und Nutzungsakten berichten. Die Informationen aus Blogs, Communities, Kommentaren bei *Facebook* oder über *Twitter* ermöglichen einem Kaufinteressenten eine „*Selbstbedienung in fremder Erfahrung*", die diesen ZMOT inhaltlich ausgestalten. Dabei werden eigene mögliche Erfahrungen durch den Zugriff auf Berichte, Fotos und Videos häufig von unbekannten Dritten „antizipiert". Noch bevor der potenzielle Käufer sich eigene Eindrücke vom Zielobjekt verschafft, kann folglich eine Vielzahl von Informationen über die Pre-Sales-, Sales-, Post-Sales- und Usage-Phase anderer Personen gewonnen werden. Der ZMOT wird folglich gespeist aus den Erfahrungen anderer entlang deren Kundenbeziehungslebenszyklus (vgl. weiterführend Kreutzer 2009, S. 49–56). Eine US-Studie von *Google* aus dem Jahr 2011, die diesen Effekt identifizierte, weist aus, dass Konsumenten vor einem Kaufakt über zehn verschiedene Quellen heranziehen (vgl. Lecinski 2011, S. 61).

Wenn man sich fragt, wie wichtig die Berücksichtigung dieses ZMOT für Unternehmen ist, dann kann folgendes festgestellt werden: Gemäß einer Studie bei US-Einkäufern 2011 ist die Anzahl der in Anspruch genommenen Informationen

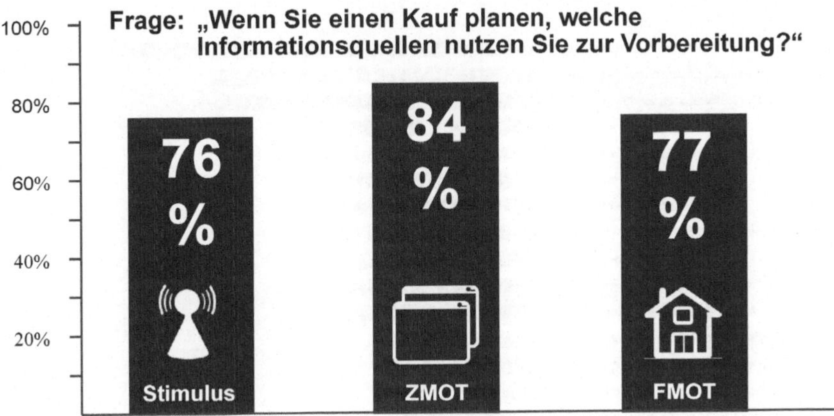

Abb. 3.8 Bedeutung unterschiedlicher Informationsquellen im Kaufentscheidungsprozess (US-Käufer, n=5003, 2011). (Quelle: Lecinski 2011, S. 19)

von 2010 bis 2011 von 5,3 auf 10,4 gestiegen (vgl. Lecinski 2011, S. 17). Gleichzeitig zeigt Abb. 3.8, welche Bedeutung dem ZMOT heute schon bei Kaufentscheidungen zukommt.

Und ein weiteres Ergebnis verdient unsere Aufmerksamkeit: „It's well known that consumers research expensive products like electronics online, but coming out of the recession, consumers are more scrupulous about researching their everyday products such as diapers and detergent, too. More than a fifth of them also research food and beverages, nearly a third research pet products and 39 % research baby products, even though they ultimately tend to buy those products in stores, according to WSL Strategic Retail, a consulting firm" (Byron 2011, S. 1). Hiermit wird deutlich, das eine neue Zielgruppe an Bedeutung gewinnt, die sogenannten *ROPOs*: Research Online, Purchase Offline.

Warum tun alle Unternehmen gut daran, die *Relevanz des ZMOT* für sich zu erkennen und entsprechend zu agieren? Ausschlagkräftige Argumente hierfür liefert Abb. 3.9. Auf die Frage, welchen *Informationsquellen* Kunden das *höchste Vertrauen* schenken, stehen – nicht überraschend – „Empfehlungen von Bekannten" mit 80 % an erster Stelle. Interessant ist, dass „Online-Konsumentenbewertungen" mit 64 % bereits an zweiter Stelle folgen (vgl. Nielsen 2013). Dies bedeutet, dass den Aussagen unbekannter Dritter in viel höherem Maße vertraut wird als „redaktionellen Inhalten", aber auch jeglicher Art von Werbung. Damit wird deutlich, welche Bedeutung dem ZMOT beim Aufbau von Vertrauen zukommt.

Dieser ZMOT zwingt Unternehmen, sich den eigenen Prozessen – und dies nicht nur mit Fokus auf den Sales- und gegebenenfalls Post-Sales-Bereich – zu

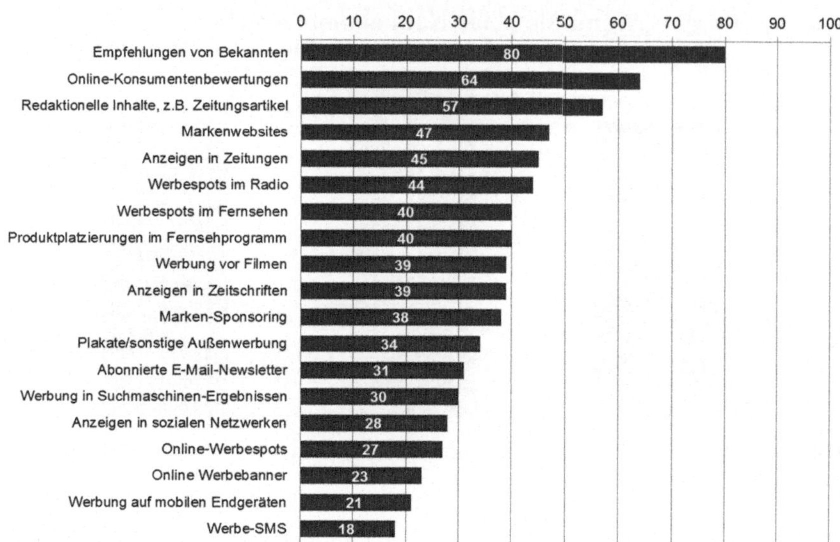

Abb. 3.9 Vertrauen in unterschiedliche Werbeformen in Deutschland in % (Mehrfachnennungen möglich, n=533, Angabe „absolutes/durchaus Vertrauen"). (Quelle: Nielsen 2013)

widmen, um eine ganzheitlich positive *Customer Experience* zu erreichen. Wenn dies nicht gelingt, werden andere potenzielle Käufer darüber im Rahmen des ZMOT informiert werden, ob dies einem Unternehmen nun gefallen mag oder nicht. Diese Art der Kommunikation ist nicht zu unterbinden; es kann allenfalls versucht werden, in den entsprechenden Medien mitzugestalten. Eine zwingende Voraussetzung hierfür stellt ein ausgefeiltes Web-Monitoring dar, um die relevanten Inhalte dieser ZMOT-Kommunikation mitzubekommen und gegebenenfalls beeinflussen zu können.

Die heutige *Intensität der Vernetzung zwischen Offline- und Online-Kanälen* zeigt Abb. 3.10. Grundlage dieser Abbildung ist die *Customer Journey Typology 2012*, die auf einer Stichprobe von 4.000 Personen in Deutschland gewonnen wurde. Hierzu haben das *E-Commerce-Center Handel* (ECC Handel), die *IFH Köln* sowie *AZ Bertelsmann* zusammengearbeitet (vgl. Kersch 2012, S. 11). Die Zahlenangaben in der Darstellung sind so zu lesen, dass 91 % der in stationären Geschäften nach Informationen suchenden Verbraucher dort auch einkaufen. Allerdings recherchieren auch 65 % der Verbraucher offline, um anschließend in Online-Shops zu kaufen. Wiederum recherchieren 65 % in Online-Shops, um dann in stationären Geschäften zu kaufen. Zusätzlich wird sichtbar, dass Print-Kataloge mit 79 % nicht nur das Offline-Geschäft, sondern zu 68 % auch das Online-Geschäft stimulieren.

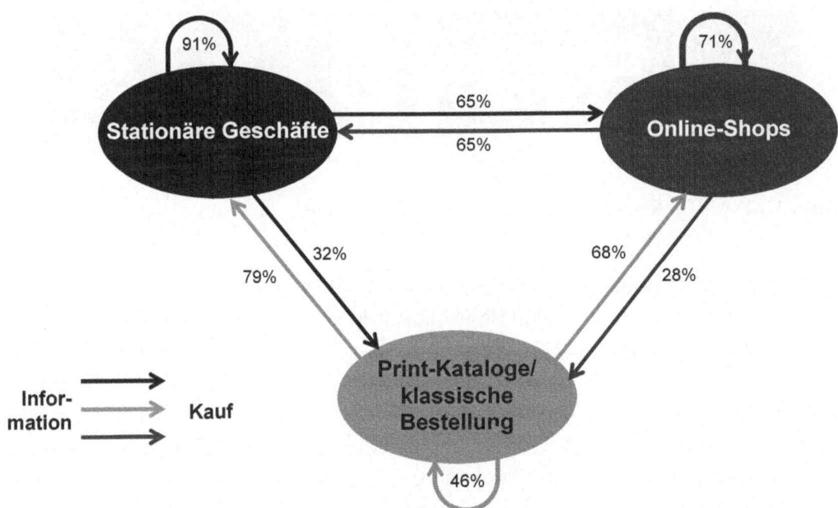

Abb. 3.10 Relevante Informationsquellen und ihre Auswirkungen auf Käufe innerhalb der Customer Journey (Mehrfachnennungen möglich). (Quelle: Kersch 2012, S. 11)

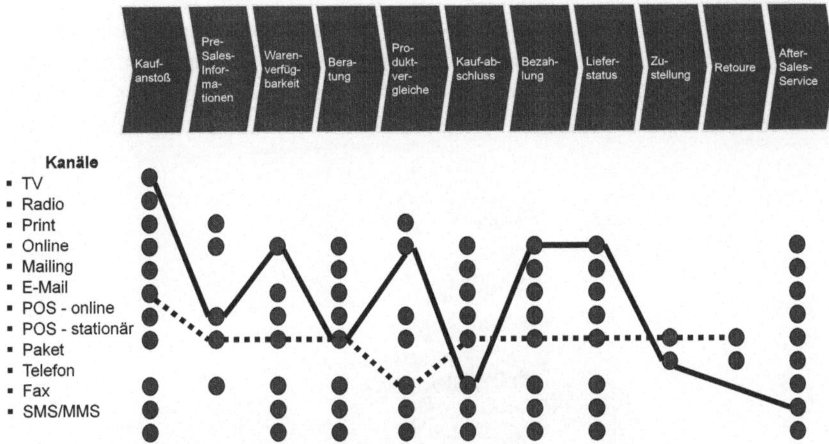

Abb. 3.11 Zwei kundenspezifische Customer Journeys bei nicht-digitalen Produkten

Dabei zeigt eine Detailauswertung der Customer Journey 2012, dass die Vielzahl der möglichen Informationenquellen und -kanäle die unterschiedlichsten Customer Journeys entstehen lassen (vgl. Abb. 3.11). Unternehmen müssen hier ermitteln, welche Arten von Customer Journeys bei den eigenen Kunden dominieren,

Abb. 3.12 ASIDAS – die weiterentwickelte AIDA-Formel

um diese möglichst gut informatorisch zu unterstützen und ggf. die Ressourcen auf die wichtigsten Customer Touch Points auszurichten.

Die oben vorgestellte AIDA-Formel ist jetzt konsequent weiterzuentwickeln, um den zusätzlichen Aktivitäten innerhalb einer Customer Journey Rechnung zu tragen. Dabei entsteht die in Abb. 3.12 dargestellte Formel: *ASIDAS*. Im Anschluss an die Gewinnung von Aufmerksamkeit für ein bestimmtes Angebot schließt sich jetzt vielfach eine ausgedehnte Suchphase („*Search*") an – die zum ZMOT führen kann. Parallel bzw. zum Abschluss einer Customer Journey erfolgt das „*Share*", d. h. das Teilen der eigenen Erfahrungen durch Kommentare, die bspw. bei *Facebook*, über *Twitter*, in Foren und Communities – und natürlich nach wie vor auch im persönlichen Dialog – erfolgt.

Bei aller Euphorie über das Engagement in den sozialen Medien müssen wir uns die 1:9:90-Regel vor Augen führen (vgl. Abb. 3.13). Was verbirgt sich hinter der *1:9:90-Regel*? Studien zeigen, dass – durchaus länderübergreifend – ca. 1 % der Internet-Nutzer sehr aktiv ist und bspw. eigene Beiträge in Blogs oder Online-

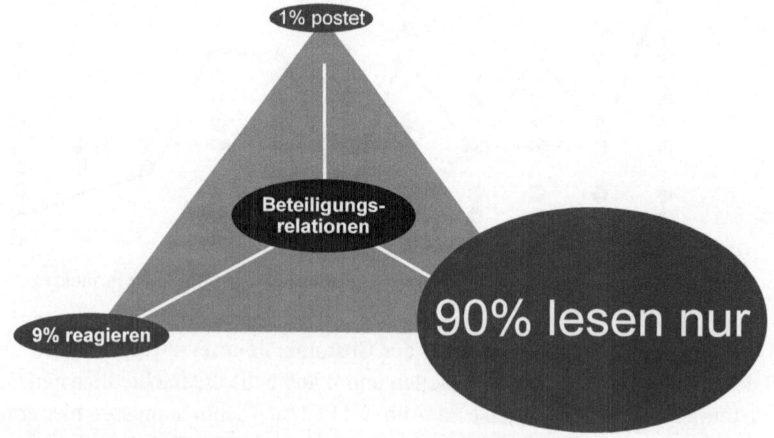

Abb. 3.13 Die 1:9:90-Regel. (Quelle: Eigene Darstellung nach Petouhoff 2011, S. 231)

Communities postet. 9 % der Internet-Nutzer reagieren auf solche Einträge – während auch hier eine „schweigende Mehrheit" von 90 % lediglich lesend aktiv ist (vgl. Petouhoff 2011, S. 231). Das bedeutet, dass wir insbesondere die *Meinungsführer* im Internet erkennen und idealerweise für uns gewinnen sollten, damit der ZMOT für uns und unser Angebot arbeitet.

Was können wir aus diesen Informationen ableiten? Entscheidend ist, dass wir einer umfassenden *Customer Journey Analyse* weitaus größere Beachtung schenken, als dies bisher in vielen Unternehmen der Fall ist. Dabei ist es zunächst primär unsere Aufgabe als Manager, die von den Kunden präferierten Customer Journeys zu identifizieren – auch wenn diese von den geplanten relativ deutlich abweichen sollten. Eine große Herausforderung für viele Unternehmen besteht darin, die dabei wirksamen *Customer Touch Points* zunächst zu ermitteln und ihren (positiven oder negativen) Beitrag im Rahmen der Customer Journeys zu erkennen. Bei entsprechenden Analysen haben wir immer wieder festgestellt, dass viele wirkende Customer Touch Points bei den Verantwortungsträgern nicht bekannt waren und dass die Anzahl der – aus Kundensicht relevanten – Touch Points regelmäßig deutlich unterschätzt wurden. Im Zuge der weiteren Analysen zeigt sich dann auch regelmäßig, dass viele Touch Points – und nicht nur die bisher unbekannten – nicht ausreichend gemanagt wurden. Dies war insbesondere bei den Touch Points des ZMOT regelmäßig der Fall.

Die Vielzahl der hier zirkulierenden Informationen wird den Trend zu *Big Data* weiter verstärken, weil Daten verschiedener Quellen, mobil und stationär generiert, über einheitliche Protokolle (insbesondere das Internet Protocol, IP) immer stärker miteinander verzahnt werden und dadurch umfassende Daten für Analyse bereitstellen. Die Kombination umfassender Datenbanken mit intelligenten Auswertungswerkzeugen – eingesetzt in Realtime – ermöglicht dann ganz neue Arten der Kundenansprache. Im Kern geht es dabei um die Präsentation von spezifischen Angeboten, die nicht nur zum *Profil eines Nutzers* passen (dies konnte auch ein gutes CRM bisher schon leisten), sondern unmittelbar auf den jeweiligen *Kontext des Nutzers* – zeitlich und inhaltlich – abgestimmt ist. Wie relevant Timing und Kontext sein kann, verdeutlich folgendes Beispiel: Die Information, dass in der Schlossallee in Berlin ein Radar-Blitzer steht, ist wenig zielführend, wenn mich diese Information erst erreicht, nachdem meine überhöhte Geschwindigkeit dort schon auf einem Foto der Polizei dokumentiert wurde. Erreicht mich die Information dagegen ein paar Minuten früher, weil die Analysesysteme erkennen, dass ich auf dem Weg in die Schlossallee bin, steigt die Relevanz dieser Information dramatisch an.

Viele Geschäftsmodelle basieren heute noch auf *statischen Informationsstrukturen*, aber diese ändern sich gerade dramatisch hin zu *dynamischen Informations-*

strukturen. Es stehen nicht nur immer mehr, sondern auch immer schneller und immer präzisere Informationen zur Verfügung. Die Frage lautet: Wie können diese *Informationen zur Schaffung von Mehrwert für Kunden* genutzt werden? In Japan werden bereits Passantenströme gescreent, um in Abhängigkeit von den dadurch gewonnenen Erkenntnissen die Inhalte der Großdisplays anzupassen (vgl. Chui et al. 2010, S. 1). Hierdurch kann wiederum eines erreicht werden: eine höhere Relevanz der ausgespielten Werbeinhalte.

Werden die Präferenzen von Käufern in Realtime auswertbar, kombiniert mit einer speziellen Location, in der sich die Person gerade aufhält, können *dynamische Impulse* (bspw. hinsichtlich Kaufort, Preis, Produktverfügbarkeit) mobil übermittelt werden, um den entscheidenden Kaufimpuls – genau im passenden Moment und am richtigen Ort – zu vermitteln. Der im Zuge des Neuro-Marketings lange gesuchte Buy-Button im Kopf des Kunden wurde zwar immer noch nicht gefunden (vgl. Kreutzer 2013, S. 95–97), aber durch die Schaffung einer zeitlichen, räumlichen und inhaltlichen Nähe der werblichen Einflussnahme steigt die Relevanz unserer Botschaft für den Empfänger – und damit auch die Kaufwahrscheinlichkeit. Dieser Zusammenhang wird in Abb. 3.14 deutlich.

In Abb. 3.14 zeigt sich, dass die *Relevanz einer Information* mit der räumlichen, zeitlichen und inhaltlichen Nähe einer Botschaft zunimmt. Die *räumliche Nähe zum Kaufakt* kann durch die auf den jeweiligen Aufenthaltsort der Zielperson abgestimmte Ausspielung von Werbung gesteigert werden. Die *zeitliche Nähe*

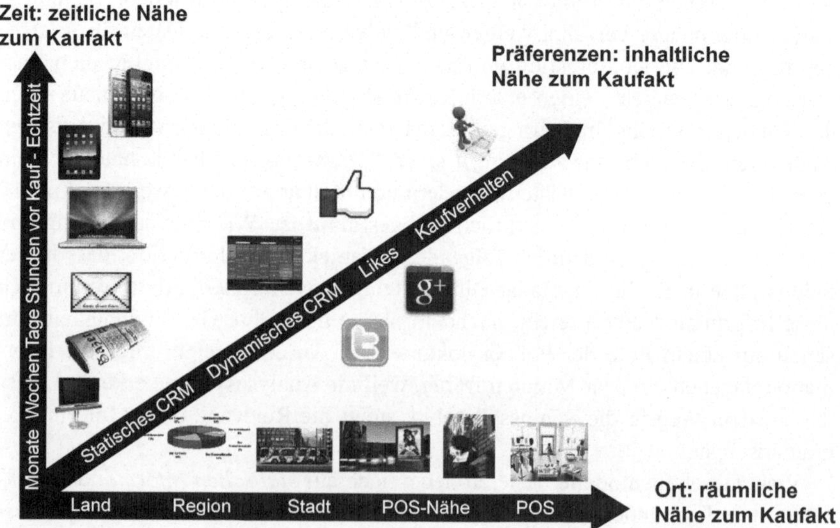

Abb. 3.14 Relevanz der Information – Wann erreichen unsere Botschaften die Zielpersonen?

zum Kaufakt ist bei TV- und Radio-Werbung, aber auch bei Zeitungswerbung und Direct Mail häufig noch eingeschränkt. Eine stationäre, insbesondere aber eine mobile Online-Präsenz kann eine viel größere zeitliche Nähe zum Offline-Kauf aufweisen. Schließlich kommt auch der *inhaltlichen Nähe zum Kaufakt* eine zentrale Bedeutung zu. In statischen CRM-Systemen wurden die Daten der Kunden nur in größeren Zeitabständen, bspw. auf der Grundlage von Kundenbefragungen aktualisiert. Dynamische CRM-Systeme streben dagegen an, die Aktivitäten der Kunden laufend zu erfassen und jene bei der Ansprache unmittelbar zu berücksichtigen. Insbesondere mit *Facebook* und – zurzeit nur eingeschränkt – bei *Google+* stehen jetzt sehr aktuelle Präferenzdaten zur Verfügung, die teilweise durch umfassende Informationen über getätigte Käufe arrondiert werden. Unternehmen, denen es gelingt, diese drei „Nähe generierenden Pole" zusammenzuführen, werden in der kommunikativen Ansprache immer die Nase vorne haben.

Die Erfolge, die *Tesco* mit einem Kundenbindungssystem durch das Ausspielen individualisierter Coupons am POS erreicht, zeigt das Potenzial eines solchen Vorgehens (vgl. Chui et al. 2010, S. 3). Das oben aufgezeigte Konzept geht jetzt aber noch einen Schritt weiter: Während die Bereitstellung von Coupons auf einer umfassenden Analyse des bisherigen Kaufverhaltens von *Tesco*-Kunden basiert und die Coupons am POS ausgeliefert werden, greift das in Abb. 2.14 gezeigte Konzept viel weiter: Es werden nicht nur die im eigenen Geschäft erfassten Kaufakte und Präferenzen berücksichtigt, sondern auch die, die bspw. in den sozialen Netzwerken sichtbar werden. Eine entsprechende Permission der Nutzer wird dabei immer vorausgesetzt. Außerdem erfolgt die Auslieferung jetzt mobil – und erreicht den Empfänger idealerweise zu dem Zeitpunkt, an dem Ort und in der Stimmung, in der die höchste Empfänglichkeit für einen kommunikativen Anstoß gegeben ist.

Dieser *informatorische Dreiklang* soll deshalb durch den Begriff *dreidimensionales CRM* zum Ausdruck gebracht werden, das Zeit, Raum und Präferenzen zeitglich kommunikativ zusammenführt.

3.3 Beginn des Zeitalters der Kooperationen

Die sich hier abzeichnende Komplexität im unternehmerischen Umfeld hat eine weitere dramatische Konsequenz: den *Zwang zu immer umfassenderen Kooperationen*. Denn die digitalen Medien haben die Informationsdichte, die täglich auf jeden einstürzt, bis an die Grenze des noch erträglichen ausgedehnt. Noch nie gab es so viele und extrem leicht zugängliche Möglichkeiten, sich zu informieren, sich zu unterhalten und (weltweit) zu kommunizieren – und dies bei Interesse sogar gleichzeitig. „Wenn aber jeder jederzeit sich mit Informationen seiner Wahl ver-

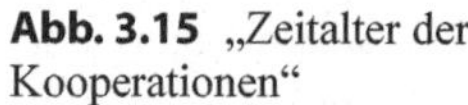

Abb. 3.15 „Zeitalter der Kooperationen"

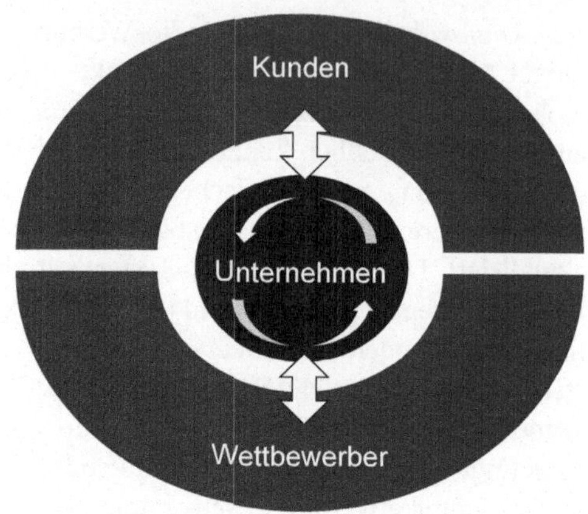

sorgen kann, wenn jeder darauf getrimmt wird, in der Wirtschaft für seinen eigenen kleinen Vorteil zu kämpfen, entsteht ein System aus unzähligen Individualisten, die ihren Einzelinteressen frönen. Das formt eine derart komplexe Gesellschaft, deren Herausforderungen wiederum nur gemeinsam angegangen werden können. So gehört es zur Ironie dieser Geschichte, dass ausgerechnet die Epoche der Individualisten die Zusammenarbeit beschwört. Niemand ist so auf die Zusammenarbeit mit anderen angewiesen wie der Individualist. Die Gesellschaft ist das Netzwerk seines Lebens. Er kann seinen Individualismus nur dann ausleben, wenn funktionsfähige Gemeinschaften ihn absichern" (Prange 2012, S. 53).

Die *Notwendigkeit zur Kooperation* zielt dabei zum einen auf die (bisherigen) Wettbewerber, aber auch auf die Kunden und nicht zuletzt auf den Innenbereich eines Unternehmens selbst (vgl. Abb. 3.15). Die *Einbindung der Kunden* erfolgt nicht mehr allein über Konzepte wie klassische Kundenbefragungen oder organisatorisch eingebundene Kundenbeiräte, sondern sehr viel umfassender – und in den Wertschöpfungsprozess eingebunden – durch die sozialen Medien (vgl. weiterführend Kreutzer 2012).

Parallel dazu ist die Tendenz zur *Kooperation mit Wettbewerbern* – auch innerhalb der eigenen Branche oder sogar innerhalb der eigenen strategischen Gruppe – zu erkennen. Die strategische Gruppe wird gebildet durch die Unternehmen einer Branche, die ein vergleichbares Geschäftskonzept mit ähnlichen Produktangeboten über verwandte Kommunikations- und Distributionskanäle mit ähnlicher Preisstellung an eine gleiche Zielgruppe herantragen. Deshalb muss die Beschreibung der Welt durch *Thomas Hobbes* i. S. eines „Krieges gegen alle" bzw. eines „Jedergegen-jeden" überwunden werden. Deshalb gilt auch die darwinistische Erfolgs-formel des „Survival of the fittest" nicht mehr, die allein auf Anpassungsfähigkeit bzw. auf Stärke basierte. Es geht vielmehr um *Smartness* und *Cleverness*, um in der immer komplexer und dynamischer werdenden Umwelt erfolgreich bestehen zu können.

Die Smartness zeigt sich bei *Kooperationen zwischen Unternehmen* darin, dass diese tatsächlich zum beiderseitigen Nutzen ausgestaltet werden – obwohl auf den ersten Blick auf strategische Wettbewerbsvorteile untereinander verzichtet wird. Die Grundlage für eine solche Zusammenarbeit ist *Vertrauen* (vgl. Peppers/Rogers 2012). Die Begründung hierfür kann die *Spieltheorie* liefern. Diese versucht her-auszuarbeiten, unter welchen Bedingungen sich Spieler am Ziel eines größeren, gemeinsam zu erreichenden Nutzens orientieren. Normalerweise wird jeder Spie-ler dazu tendieren, nur einen minimalen Einsatz zu leisten, wenn die Gefahr be-steht, von den anderen Mitspielern über den Tisch gezogen zu werden. Erst wenn ein Vertrauen darin besteht, dass sich auch die anderen Spieler an bestimmte Re-geln halten, werden die Spieler mehr setzen und sich stärker öffnen, so dass ein deutlich besseres Gesamtergebnis erzielt werden kann. Ohne Vertrauensaufbau ist dies nicht zu leisten.

Kann ein solcher Vertrauensaufbau gelingen, dann sind auch *Kooperationen zwischen Erzrivalen* möglich: bspw. zwischen *Daimler* und *Renault*, *BMW* und *Toyota*, *General Motors* und *PSA Peugeot Citroën*. Aber auch zwischen *Apple* und *Samsung*, *Boehringer Ingelheim* und *Eli Lilly* gibt es umfassende Kooperation. Auch *Facebook* ist über eine Vielzahl von Kooperationen gewachsen, da es seine Plattform früh für andere Entwickler öffnete, die tausende von Anwendungen für *Facebook* schrieben und so zur Beliebtheit des Netzwerkes beitrugen. Manchmal geht eine solche Ehe auf Zeit auch wieder zu Ende, wie dies bspw. gerade zwischen *Apple* und *Google* im Hinblick auf *Google Maps* zu beobachten ist (vgl. Hofmann et al. 2012, S. 54).

Die Notwendigkeit zur Kooperation bleibt nicht auf die Sphäre außerhalb des Unternehmens beschränkt. Um die beschriebene Silo-Mentalität und die damit ein-hergehenden Ressort-Egoismen zu überwinden, müssen auch die *unternehmens-internen Kooperationspotenziale* erkannt und ausgeschöpft werden. Der Ökonom *Richard Sennet* hat dazu sehr treffend formuliert: „Boni-Systeme sind der Feind jeder Kooperation". Ein Beispiel hierfür liefern die sogenannten Freundlichkeits-kalender der Investmentbanker: „Im März sehr freundlich, im Juli ein wenig ab-weisend, September aggressiv, Dezember jeder für sich" (Prange 2012, S. 53). Diese Aussage gilt zumindest dann, wenn die eigenen Boni nur gegen die eigenen Kollegen und nicht mit ihnen gemeinsam zu erreichen sind. Deshalb gilt es zu fragen, in welchem Umfang die etablierten Boni-Systeme in den Unternehmen geeignet sind, Kooperationen – auch über Vorstands- und Hierarchieebenen hinweg – zu unterstützen.

Dies war nur ein kleiner Ausblick auf die Herausforderungen, mit denen sich das Management und insbesondere die CMOs konfrontiert sehen. Weitere Herausforderungen werden auf die CMOs zukommen.

Wie gut fühlen sich CMOs auf diese Herausforderungen vorbereitet? 4

Zunächst sei die Frage gestellt, ob die oben genannten Herausforderungen als solche auch von den CMOs gesehen werden. Deshalb stand in einer Studie von *IBM* genau diese Frage im Mittelpunkt: Was sind die *zentralen Herausforderungen der CMOs* in den vor uns liegenden Jahren? Zusätzlich wurde gefragt, wie gut sich die CMOs auf diese Herausforderungen vorbereitet fühlen. Die Antworten auf diese Fragen sind erleuchtend und schockierend zugleich. Die CMO-Studie von *IBM* hat hierzu in 64 Ländern 1734 CMOs aus 19 Branchen (vgl. IBM 2011, S. 6) befragt. Dabei wurden von den CMOs als die *vier größten Herausforderungen* genannt (vgl. IBM 2011, S. 3):

* Datenexplosion
* Social Media
* Wachsende Zahl von Kommunikationskanälen und -geräten
* Änderungen im Verhalten der Verbraucher

© Springer Fachmedien Wiesbaden 2015
R. T. Kreutzer, *Digitale Revolution,* essentials, DOI 10.1007/978-3-658-09394-5_4

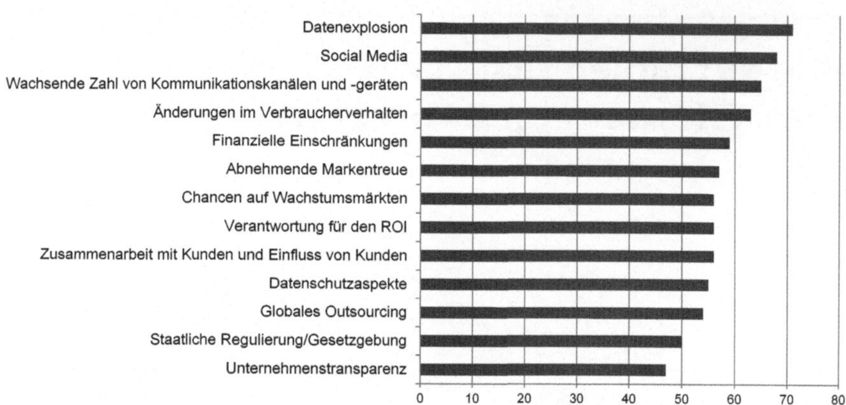

Abb. 4.1 Anteil der CMOs, die *nicht* ausreichend auf bestimmte Herausfordrungen vorbereitet sind – in %. (Quelle: IBM 2011, S. 15)

Allein diese vier hier genannten Herausforderungen unterstreichen, dass bestehende *Geschäftsmodelle* und *etablierte Marken* durch die sich hier abzeichnenden Veränderungen *in ihren Grundfesten erschüttert* werden können. Deshalb ist wichtig zu fragen, wie gut sich die CMOs auf diese Herausforderungen vorbereitet fühlen. Oder anders herum: Wie viele CMOs fühlen sich nicht ausreichend vorbereitet? Die Zahlen hierzu zeigt Abb. 4.1. Die Ergebnisse zeigen m. E. einen dramatischen Handlungsbedarf: 71 % der CMOs zeigen sich im Hinblick auf die *Datenexplosion* nicht gut vorbereitet. Für 68 % der CMOs stellen die *sozialen Medien* noch ein Buch mit sieben Siegeln dar. Die *wachsende Zahl an Kommunikationsgeräten und -kanälen* stellt für 65 % eine große Herausforderung dar. Und 63 % fühlen sich auch auf die *Veränderungen des Konsumentenverhaltens* nicht gut vorbereitet. Aber wie können in Unternehmen die erforderlichen Veränderungsprozesse angestoßen werden, wenn die Top-Vertreter ihrer Gattung – hier die CMOs – sich dem Thema selbst nicht gewachsen sehen?

Gerade bei den oben genannten größten Herausforderungen bescheinigen sich die CMOs selbst größte Defizite. Aus meiner Sicht ist dies eine *ehrliche*, aber auch eine *beängstigende Bestandsaufnahme*. Sie ruft nach Lösungen, nach Ideen, nach Informationen, um im bevorstehenden bzw. schon länger laufenden Auswahlkampf auf der Siegerseite stehen zu können.

Die hier aufgezeigten Ergebnisse können für Deutschland noch weiter konkretisiert werden. Eine 2012 durchgeführte Befragung von 100 Managern in verschiedenen Branchen zeigt die vorherrschende Betroffenheit deutlich (vgl. Abb. 4.2).

Frage: „Wo sehen Sie die weitreichendsten Veränderungen struktureller und prozessualer Art im Marketing?"

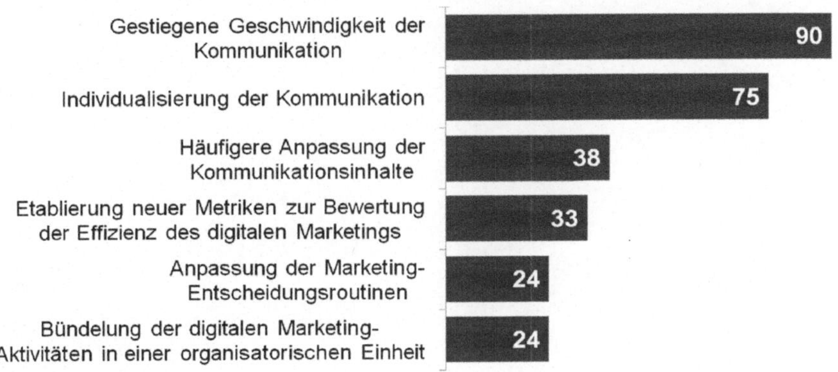

Abb. 4.2 Vom Internet besonders betroffene Marketing-Bereiche − in % (Deutschland, $n = 100$ Manager, Mehrfachantworten möglich). (Quelle: Camelot Management Consultants 2012, S. 19)

Insbesondere die gestiegene *Geschwindigkeit der Kommunikation*, deren *Individualisierung* sowie die häufige *Anpassung der Inhalte* haben hier für viele Befragte die weitreichendsten Veränderungen zur Folge. Gleichzeitig wird sichtbar, dass es noch an *Metriken* fehlt, um Erfolge und Misserfolge zeitnah erfassen zu können. All dies führt schließlich zwingend zu *Veränderungen in der Ablauf- und Aufbauorganisation des Marketings* selbst (vgl. weiterführend Kreutzer 2012 und 2013).

Ausblick 5

Diese diskutierten Ergebnisse machen eines deutlich: Die *digitale Revolution* wird alle Unternehmen und deren Marketing umfassend herausfordern. Deshalb sind alle Verantwortungsträger in den Unternehmen – insbesondere aber die Marketing-Verantwortlichen – aufgerufen, die Herausforderungen aufzugreifen und aktiv zu gestalten. Abwarten wird durch den Wettbewerb abgestraft werden.

Die Unternehmen tun m. E. gut daran, sich an der Guideline von *Mark Zuckerberg* zu orientieren:

Done is better than perfect!

© Springer Fachmedien Wiesbaden 2015

R. T. Kreutzer, *Digitale Revolution,* essentials, DOI 10.1007/978-3-658-09394-5_5

Was sie aus diesem Essential mitnehmen können

- Verschafft einen umfassenden Einblick in den kontinuierlich steigenden Einfluss neuer Technologien und die Möglichkeit, die durch soziale Medien generierten Daten als die „Voice of the Customer" umfassend zu analysieren und bei der Kommunikation zu berücksichtigen.
- Zeigt, wie der Kaufentscheidungsprozess zunehmend von der digitalen Revolution beeinflusst wird und bestehende Modelle der Customer Journey erweitert werden müssen.
- Erläutert dynamische Informationsstrukturen und deren Nutzbarkeit zur Schaffung von Mehrwert für Kunden.
- Demonstriert die durch die hohe, weltweite Informationsdichte hervorgerufene Notwendigkeit zur Kooperation sowohl von Unternehmen untereinander, als auch mit den Kunden und ebenfalls im Innenbereich des Unternehmens selbst.
- Verschafft ein Verständnis für die zentralen Herausforderungen für CMO's in den kommenden Jahren und zeigt, wie gut diese sich darauf vorbereitet fühlen.

© Springer Fachmedien Wiesbaden 2015
R. T. Kreutzer, *Digitale Revolution,* essentials, DOI 10.1007/978-3-658-09394-5

Literatur

Bosomworth, D. (2012). Big or small data? It's what you do with it that counts, smartinsights. com/ecommerce/ecommerce-analytics/big-data-its-what-you-do-with-it. Zugegriffen: 4. Okt. 2012.

Byron, E. (2011). In-store sales begin at home. *The Wall Street Journal, 7*.

Camelot Management Consultants. (2012). *Die Veränderungsdynamik des digitalen Marketings, Die vertagte Revolution, Studienergebnisse*. Mannheim.

Chui, M., Löffler, M., & Roberts, R. (2010). The internet of things. *McKinsey Quarterly*. mckinseyquarterly.com/article_print.aspx?L2=4&L3=116&ar=2538.

Gantz, J., & Reinsel, D. (2011). IDC IVIEW, Extracting value from Chaos, emc.com/collateral/analyst-reports/idc-extracting-value-from-chaos-ar.pdf.

Gartner. (2012). Gartner's 2012 hype cycle for emerging technologies identifies „Tipping Point" Technologies that will unlock long-awaited technology scenarios. gartner.com/it/page.jsp?id=2124315. Zugegriffen: 12. Sept. 2012.

Gartner. (2013). Gartner's 2013 hype cycle for emerging technologies maps out evolving relationship between humans and machines (19.08.2013). http://www.gartner.com/newsroom/id/2575515. Zugegriffen: 12. Sept. 2012.

Go-Globe. (2012). Homepage. go-globe.com. Zugegriffen: 4. Okt. 2012.

Hofmann, S., Fasse, M., & Postinett, A. (2012). Es geht nur miteinander. *Handelsblatt, 54*.

IBM. (2011). *Von Herausforderungen zu Chancen, Ergebnisse der Global Chief Marketing Officer (CMO) Study*. Ehninge.

Kersch, M. (21. Aug. 2012). Weiblich, ledig, jung sucht …, Die neue Zielgruppenansprache in der Multi-Channel-Welt, Vortrag auf dem Dialog-Marketing-Gipfel, Frankfurt.

Kreutzer, R. (2009). *Praxisorientiertes Dialog-Marketing, Konzepte – Instrumente – Fallstudien*. Wiesbaden.

Kreutzer, R. (2012). *Praxisorientiertes Online-Marketing, Konzepte – Instrumente – Checklisten*. Wiesbaden.

Kreutzer, R. (2013). *Praxisorientiertes Marketing, Konzepte – Instrumente – Fallbeispiele* (4. Aufl.). Wiesbaden.

Lecinski, J. (2011). *ZMOT – Winning the zero moment of truth*. Chicago.

Nielsen. (2013). Skepsis gegenüber Werbung nimmt in Deutschland ab (1.10.2013). nielsen. com/de/de/insights/presseseite/2013/skepsis-gegenueber-werbung-nimmt-in-deutschland-ab.html. Zugegriffen: 18. Mai. 2014.

© Springer Fachmedien Wiesbaden 2015
R. T. Kreutzer, *Digitale Revolution,* essentials, DOI 10.1007/978-3-658-09394-5

Peppers, D., & Rogers, M. (2011). *Managing customer relationships, a strategic framework, 2nd edition.* Hoboken.

Peppers, D., & Rogers, M. (2012). *Extreme trust, honesty as a competitive advantage.* New York.

Petouhoff, N. I. (2011). Crowd service: Customers helping other customers. In D. Peppers & M. Rogers (Hrsg.), *Managing customer relationships, a strategic framework* (S. 227–234). Hoboken.

Prange, S. (2012). Kooperation statt Konflikt. *HB,* 52 f.

von Rauchhaupt, U. (2012). Dicke Daten. *FAS,* 71.